27.

L n 11144.

NOTICE BIOGRAPHIQUE.

FRANÇOIS RICHARD DE LA LONDE.

Né à Caen le 1er 9bre 1685 — Mort le 18 7bre 1765.

De La Londe
F. R.

NOTICE BIOGRAPHIQUE

SUR

François-Richard DE LA LONDE,

MEMBRE DE L'ANCIENNE ACADÉMIE DES BELLES-LETTRES
DE CAEN ;

PAR

M. LATROUETTE,

Docteur ès Lettres, ancien Professeur-suppléant à la Faculté des Lettres,
Membre titulaire de l'Académie des Sciences, Arts et Belles-
Lettres de Caen, et de la Société des Antiquaires
de Normandie.

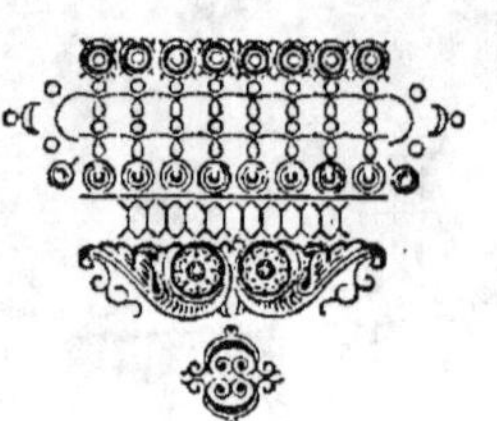

CAEN,
TYP. DE A. HARDEL, IMPRIMEUR DE L'ACADÉMIE,
RUE FROIDE, 2.

—

1850.

NOTICE BIOGRAPHIQUE.

(Lue à la Séance publique et solennelle de l'Académie
des Sciences, Arts et Belles-Lettres de Caen,
le 22 novembre 1849.)

Messieurs,

S'il est un fait que nous nous com-
plaisions tous aujourd'hui à remarquer
avec bonheur, c'est cet intérêt universel qui s'attache à l'hommage public

rendu de tous côtés et sous toutes les formes, au travail, à l'étude, au dé-vouement.

Honorer ainsi la vertu, c'est encou-rager à la pratiquer.

L'exemple du bien porte au bien.

Rappeler de nobles actions, c'est donc faire droit à une des exigences les plus pures et les plus légitimes de notre époque.

Aussi, est-ce pour y répondre, selon la mesure de nos forces, que nous allons essayer de vous faire connaître un de ces hommes qui, dans leur sphère d'action, consacrent toute la puissance de leur activité aux intérêts de leur cité, et qui ne craignent pas de s'im-poser des sacrifices de tout genre pour arriver à leur fin, tant elle leur paraît digne, dût même leur être interdite l'espérance de voir, de leurs jours, leurs tentatives couronnées d'un plein succès, heureux seulement d'avoir émis une

idée que le temps se chargera de développer et de réaliser !

Tel va vous apparaître, à l'aide du
plus simple exposé de ce qu'il a fait,
de ce qu'il a tenté, de ce qu'il a projeté pour la prospérité de sa ville et de
sa province, un membre titulaire de
l'ancienne Académie des Belles-Lettres
de Caen, un compatriote, un homme
de bien trop peu connu jusqu'ici, et qui
pourtant, comme vous allez en juger,
avait, à plus d'un titre, mérité de l'être
davantage,

M. François-Richard DE LA LONDE,
né à Caen, le 1er. novembre 1685.

Il appartenait à une famille honorable de cette ville (1).

Dès son enfance, il s'annonça comme
un esprit grave et sérieux.

A sept ans, il expliquait déjà quelques auteurs latins avec une intelligence

qui étonnait son précepteur et les professeurs du collége du Mont (2) dont il
suivait les leçons.

Ses études ainsi commencées de bonne heure se terminent de bonne heure,
et ne font que hâter le développement
d'un goût en quelque sorte inné pour
le travail. Aussi ne tarde-t-il pas à s'a-
bandonner tout entier à son penchant,
et bientôt on le voit déjà se faire un
nom dans sa ville par quelques essais
de poésie, en attendant qu'il se fasse
connaître par des travaux en tout
genre. Il semble ne vouloir rester
étranger à aucune science, à aucun
art, tant est vif et ardent le feu qui
le dévore sans le consumer, et qui
ne cessera de l'animer durant sa carrière bien remplie de quatre-vingts
ans.

Au début, lorsqu'il est encore tout
ému des beautés d'Horace qu'il vient
d'étudier, il veut entreprendre de mar-

cher à sa suite ; il cède à la passion qui l'entraîne , et le voilà se consacrant au culte des muses.

D'abord, il essaie ses forces dans quelques traductions de différentes odes de son modèle ; puis , prenant son essor , il ose aborder des sujets de son propre choix où son patriotisme et sa foi lui inspirent de belles et nobles pensées. Si ses compositions lyriques dont le nombre est prodigieux et dont quelques-unes ont été imprimées dans les Mémoires de l'Académie, laissent parfois trop à désirer sous certains rapports, on y rencontre souvent néanmoins de ces mouvements, de ces inspirations pleines de vie et d'énergie qui caractérisent le poète. Aussi, nous ne sommes pas surpris de le voir, s'il entre un jour en lice dans ces joûtes littéraires instituées par notre vieille cité pour encourager la poésie, nous ne sommes pas surpris, disons-nous ,

de le voir remporter la palme et con-
quérir le prix du *Palinod* (3).

Ses poésies sont de diverse nature,
les unes exclusivement religieuses, les
autres héroïques, philosophiques ou
morales (4). Parmi les premières, qui
sont bien les meilleures de toutes, nous
signalerons ses Paraphrases en vers de
la plupart des Psaumes de David; nous
disons paraphrases : car M. De La
Londe ne s'attache pas à traduire; il
développe, il étend la pensée du Psal-
miste; ou plutôt, il s'en empare, et il
tâche de la rendre comme il la comprend, avec toute l'ampleur possible.
Souvent même, loin de s'attacher à
traduire, il regarde seulement le chant
du poète comme le texte d'une prière
qu'à l'exemple du Prophète, il adresse
du fond de son âme au Dieu des mi-
séricordes. C'est ce que l'on reconnaît
aisément, en lisant ses sept psaumes de
la pénitence, dont il offrit un exem-

plaire écrit de sa main à sa Majesté, la reine, femme de Louis XV.

Cette manière d'envisager le texte sacré convenait essentiellement à la nature de son esprit. Ce n'est pas seulement, en effet, l'âme du chrétien qui se révèle dans ses paraphrases ; on y reconnaît, avant tout, l'homme qui ne se complaît guère qu'aux méditations graves et sérieuses. Aussi toutes ses compositions poétiques sont-elles empreintes de ce caractère. Du reste, l'on se gardera bien d'en être surpris, si l'on vient à savoir combien il aimait à traiter des sujets de philosophie et de morale.

Ses dissertations en ce genre sont nombreuses, et, si elles ne décèlent pas un explorateur marchant de découvertes en découvertes dans les régions mystérieuses de la science, elles attestent du moins un de ces penseurs de tous les instants, qui aiment à réfléchir sur les problêmes de la vie, et à les agiter comme les agitent le philosophe, le théologien, le chrétien avide de sonder les profondeurs de son être. La plupart de ces dissertations ont été lues par leur auteur à l'Académie des Belles-Lettres de Caen dont il fut élu membre titulaire en 1732 ; il nous en a été confié 17 ou 18, dont quelques-unes sont fort étendues. L'une d'elles, surtout, a piqué notre curiosité, c'est celle qui traite de la *Veille et du Sommeil,* où par conséquent son auteur semble agiter cette question si ingénieusement élucidée, dans le curieux travail communiqué, cette année même, à la Société par son Président actuel (5). Mais qu'il nous soit permis de le dire, nous n'avons pas trouvé dans l'académicien qui fait l'objet de cette notice, cet observateur scrupuleux dont l'analyse saisit et décrit un à un les phénomènes psychologiques, et qui armé, s'il est

possible de parler ainsi, du scalpel de
la science, entreprend de nous faire,
en quelque sorte, l'autopsie d'un corps
insaisissable, qui sait par là nous rendre palpables les prodiges du rêve, tant
son imagination féconde est habile, durant la veille, grâce au bonheur d'une
description vraiment luxuriante, à nous
montrer, à nous faire toucher ce qui a
dû se passer durant le sommeil. Non,
il ne faudrait pas chercher un observateur délié, un psychologue profond
dans M. De La Londe; il est plutôt un
moraliste-prédicateur, lors même qu'il
ne veut apparaître que comme philosophe. Toutefois, l'amour fervent du
bien qui inspire son âme, lui suggère de
nobles pensées auxquelles l'expression
imprime quelquefois le cachet de la force
et de la vigueur. On le remarque surtout
dans *ses Réflexions* tirées de chaque verset
des psaumes de la pénitence. Ce sont,
en effet, des espèces de méditations

pieuses sur l'état de l'âme qui a eu le malheur de transgresser la loi et d'offenser son Dieu, et sur la bonté infinie de la miséricorde divine, toujours prête à si bien accueillir le repentir sincère. Peut-être serait-il possible de faire de toutes ces compositions diverses un extrait qui ne manquerait pas d'offrir de l'intérêt : c'est un travail que pourra entreprendre un jour son arrière-petit-fils, qui aujourd'hui recueille avec toute la sollicitude de la piété filiale tout ce qu'a pu faire son trisaïeul de si vénérable mémoire.

Son attention ne devra pas se porter avec moins de vivacité sur les travaux historiques entrepris par cet homme infatigable. M. De La Londe s'est livré, en effet, à des recherches très-développées et très-étendues sur l'origine des anciens peuples, et spécialement sur celle des Scythes et des Celtes (6). Son travail est énorme; et ce n'est pas

sans étonnement qu'on voit l'auteur
suivre pas à pas les déplacements suc-
cessifs des nations antiques ; il semble
posséder par anticipation quelque chose
de cette science ethnographique avec
laquelle doivent nous familiariser plus
tard les Balbi, les Schœll, et l'un des
membres de cette Académie que la
mort nous a ravi, et dont les études en
ce genre sont encore inédites (7).

Mais ce fut particulièrement sur l'origine et l'antiquité de sa ville natale
que M. De La Londe concentra davantage ses recherches.

Ses essais sur la ville de Caen sont
fort curieux, et attestent une profonde
érudition (8) ; seulement, peut-être est-
il à regretter que son patriotisme trop
exalté en certaines rencontres ne l'ait
quelquefois aveuglé au point de lui
faire reporter le commencement de
notre cité à une époque trop reculée.
Aussi attaque-t-il vigoureusement le

savant Huet , qui avait émis une opinion toute différente, et prétend-il qu'il
faut voir le caveau d'un temple de
Druides dans cette espèce de chapelle
que l'on avait découverte sous la Belle-
Croix , et à laquelle le prélat avait
donné le nom de S^{te}.-Catherine. Du
reste, ce que nous pouvons dire ici de
mieux à la louange de notre auteur,
c'est qu'une puissante illustration de
notre cité, le docte et érudit abbé De
La Rue, qui a daigné jusqu'à sa mort
nous honorer de son estime la plus
affectueuse , tenait sa mémoire en
grande vénération : or , nous savons
tous quelle était la compétence d'un
pareil juge (9).

Impatient de connaître tout ce qui
pouvait se rapporter aux antiquités de
son pays, M. De La Londe ne néglige
pas de porter son regard scrutateur sur
la cité des *Viducasses* , sur les médailles
que le sol de *Vieux* s'empressait de

rendre, quand la charrue les mettait à découvert, et sur le marbre dit *de Torigny*, dont il a tracé divers dessins, avec ses inscriptions si malheureusement mutilées. La dissertation sur l'antique cité, qu'il lut à l'Académie, il y a maintenant un siècle, en 1749, est digne d'un véritable et studieux antiquaire (10).

Il en faut dire autant de son travail sur l'histoire de l'Académie des Belles-Lettres de Caen, qu'il commença en 1760, M. de Biéville (11) qui avait promis auparavant de s'en occuper, n'ayant pu mettre son projet à exécution. Mais la mort qui le surprit à son tour, le 18 septembre 1765, ne permit pas non plus à M. De La Londe d'achever son œuvre. Toutefois, l'un de ses collègues disait quelque temps après, que ce travail, quoique inachevé, pourrait être un jour de la plus grande utilité à qui en entreprendrait la continuation.

2

Voilà une partie des titres nombreux
par lesquels se recommande notre laborieux devancier ; si, dans une ode in-
titulée l'*Émulation*, il tente de réveil-
ler le zèle de ses collègues, il sait leur
donner l'exemple ; il sait leur montrer
comment l'homme peut multiplier, va-
rier ses travaux, et accomplir une tâche
qui nous paraîtrait aujourd'hui presque
merveilleuse : s'il tient à cœur de justi-
fier par ses études son titre de membre
de l'Académie des Belles-Lettres, il
saura de même payer sa dette envers
une autre société dont il fut l'un des
membres primitifs, la Société d'Agriculture créée à Caen en 1761. Nous
trouvons dans la masse de ses manuscrits divers mémoires sur les assole-
ments, sur les jachères, sur la culture
et la greffe du pommier, sur la fabri-
cation du cidre, etc.

C'est ainsi qu'il traitait une foule de
questions qui ne semblent pas soutenir

un rapport intime avec celles dont nous l'avons vu s'occuper jusqu'ici. Nous serions tentés de répéter qu'il prétendait à l'universalité des connaissances humaines. C'est ce que vous allez vouloir dire avec nous, en apprenant que M. De La Londe a cultivé, en outre, la botanique, la peinture, la musique, la géométrie, l'hydrographie, et qu'il a laissé dans ces divers genres, des travaux dignes d'être mentionnés à plus d'un titre.

Vous le reconnaîtriez sans peine, si nous étions en état de vous entretenir avec toute la justesse et la sagacité désirables de sa *Flore* régionale. Vous seriez surpris du nombre infini de fleurs, de plantes qu'il a dessinées avec le coloris le plus fin comme le plus naturel. Mais nous ne pouvons que vous indiquer ce talent resté jusqu'ici trop ignoré.

Nous sommes forcé de confesser de même notre incompétence, relativement à ses tableaux qui sont au nombre de 150, et dont la plupart, au dire des connaisseurs, sont de vrais chefs-d'œuvre. Tout en avouant notre impuissance personnelle pour les apprécier, nous n'en admirons pas moins le *David* à l'encre de Chine que nous voyons en tête de sa Paraphrase en vers des psaumes pénitentiaux : il nous semble lire le chant inspiré dans l'extase de son prophète.

Il ne faudrait pas conclure de cette seule indication que M. De La Londe se soit exclusivement consacré au genre grave et sérieux; ce serait une erreur : le genre, au contraire, qui paraît lui avoir souri davantage, c'est celui auquel Boucher donnait alors tant de vogue, si nous en jugeons par le nombre de tableaux qui nous semblent se rapporter à cette école.

Outre les 150 dont nous parlons et qui se rapportent à différents genres (12),

M. De La Londe a dessiné et colorié plus de cinquante cartons représentant des sujets de toute espèce. Au premier aspect, rien de plus informe, rien de plus bizarre, rien de plus insignifiant; mais placez sur ces cartons, au point indiqué, un miroir métallique de forme cylindrique, et vous y voyez représentés, avec toutes les proportions que l'art peut exiger, tels ou tels personnages historiques, romanesques, fantastiques, telles ou telles scènes de même nature.

A la vue de ce travail d'une espèce toute particulière, nous ne nous sommes pas étonné d'apprendre qu'il ait cherché à perfectionner divers instruments d'optique, qu'il en ait même fabriqué d'autres comme devant être plus commodes ou plus précis, mais nous n'entrerons dans aucun détail à ce sujet (13); nous nous permettrons même de ne vous parler ni de plusieurs sphères qu'il a construites en pleine conformité avec les observations les plus récentes des savants de son époque, ni d'un clavecin qui est son propre travail, et qu'il a orné de dessins et de peintures de la plus riche finesse, tant nous avons hâte de vous entretenir, au moins un instant, de ce qu'il a fait comme ingénieur, et ingénieur hydrographe.

Passionné pour tout ce qu'il croit utile à son pays, pour tout ce qui lui paraît propre à faire connaître notre cité avec plus d'avantage, il s'empressera de dessiner et de faire graver une vue de Caen (14), où il saura, avec une heureuse habileté, faire distinguer bien nettement tous ses monuments divers, malgré tous les ambages d'une complication d'ensemble; il voudra de même, pour honorer la science, reproduire dans tous ses détails le palais qui lui est consacré, et où nous avons l'honneur de vous lire cette notice; nous regrettons

seulement qu'il n'ait pas fait plutôt
graver le dessin où il nous montre, en
outre, avec tous leurs riches costumes,
le Recteur et les cinq Facultés dans une
cérémonie majestueuse de l'Université.
La gravure que nous avons, ne représente que ce palais avec un plan de sa
distribution (15).

Mais ce qui préoccupe le plus M. De
La Londe, dans ce nouveau genre de
travail, où nous essayons de vous le
faire connaître, c'est ce qui peut être
avantageux pour sa ville. Aussi, qu'il
en lève le plan, et ce ne sera pas seulement pour constater ce qu'elle est ;
il le lèvera bien, il est vrai, mais il y
ajoutera l'indication des modifications
qui lui paraissent nécessaires, et il ne
craindra même pas de regretter vive-
ment qu'on eût, dans le siècle précé-
dent, concédé aux Eudistes (16) un
terrain qui lui paraissait l'emplacement
le plus convenable pour un hôtel-de-

ville, et il regardera cette concession comme un mal irréparable, tant il était loin de soupçonner alors qu'une révolution viendrait si prochainement réparer ce qu'il regardait comme un tort, en donnant un jour à l'édifice élevé par les révérends Pères la destination qu'aurait eue le monument par lui projeté et désiré; c'est dans un même esprit d'amélioration qu'il signale sur ses plans, de la manière la plus ingénieuse (17), des rectifications et des ouvertures de rues, de meilleurs alignements, et diverses mesures pour l'assainissement et l'embellissement de la cité ; aussi demanderions-nous à dire ici, avec toute la déférence possible, que nos édiles pourraient peut-être bien encore les consulter avec avantage, tant il y a d'à-propos de tous les temps dans les vues de M. De La Londe. Ce qui le confirmerait au besoin, ce n'est pas seulement le témoignage qu'à ce sujet lui rend dans son travail aujourd'hui en voie de publication, un autre citoyen dévoué, membre du conseil munici- pal (18), qui voudrait voir nos rues, nos places, nos établissements publics, notre cité entière enrichie de fontaines, de réservoirs d'eau, et de tous ces mê- mes trésors dont Paris a été doté par le génie opiniâtre et persévérant de notre compatriote Girard (19); mais ce qui confirmerait plus encore la sagacité prévoyante de M. De La Londe pour l'utilité de sa ville, c'est surtout et avant tout, le plan que notre laborieux aca- démicien donnait, il y a déjà plus d'un siècle, en 1747, du bassin à établir. En le voyant, vous croyez presque avoir sous les yeux le bassin actuel à l'inauguration duquel nous assistions il y a treize mois à peine. La différence ne consiste guère que dans quelques dimensions soit de lon- gueur, soit de largeur. Aussi eût-il été peut-être à désirer de lui voir donner le nom de bassin *La Londe;* mais si ce désir est trop tardif aujourd'hui (20), nous nous reposerons alors avec confiance sur la sollicitude éclairée du Magistrat (21) qui veille aux intérêts de la cité, pour trouver le moyen d'honorer digne- ment, au sein d'une population re- connaissante, la mémoire du citoyen devoué, qui a tout fait, tout sacrifié pour la prospérité de son pays. Il faut voir, en effet, quelles sommes énormes il n'a pas craint de dépenser, pour prouver de la manière la plus sensible combien la canalisation de l'Orne infé- rieure et supérieure, jusqu'au-dessus d'Argentan, pourrait contribuer à la ri- chesse publique ; qui n'admirerait ce travail presque gigantesque qu'il a fait exécuter à ses propres frais, et à la con- fection duquel il a su mettre lui-même la principale main pour la réalisation de son projet tout patriotique. La copie

de ce travail immense a été généreuse-
ment donnée par son petit-fils (22), un
des anciens adjoints au maire de Caen,
à la Société d'agriculture et de commerce dont il était membre lui-même,
et cette Société en a fait le dépôt à la bibliothèque publique de notre ville. C'est
là qu'il est permis maintenant à cha-
cun d'aller dérouler avec une légitime
curiosité ces *vingt* feuilles coloriées du
plan de l'Orne depuis Argentan jusqu'à
la mer. On y trouve représentés tous
les accidents du fleuve, les diverses loca-
lités qu'il arrose, les bois qui avoisinent
ses rives. On y voit indiqués de même
les changements qu'il conviendrait de
faire subir à son cours, et notamment
celui qui a été exécuté plus tard, peut-
être avec quelque légère modification,
à partir de ce qui est aujour-d'hui
appelé vulgairement le rond-point.

A la vue d'un tel travail qui offre
une multitude de détails de la plus mi-

nutieuse exactitude, on reste tout saisi d'étonnement, et cependant, ce n'est pas tout ce que renferme ce curieux dépôt. On y voit en outre, en effet, plus de dix feuilles de dessins de niveaux d'eau, de passelis, d'écluses à établir sur l'Orne pour la canaliser. Rien ne paraît avoir été négligé par l'actif ingénieur pour déterminer l'adoption et l'exécution de son projet.

Mais ce que l'on consulterait en même temps avec non moins de curiosité, ce sont les mémoires par lesquels M. De La Londe entreprend de prouver combien cette canalisation de l'Orne inférieure et supérieure serait utile à notre pays pour relier son commerce avec celui du Maine et du centre de la France; on croirait étudier quelques-uns de ces arguments solides par lesquels la logique vigoureuse de l'un des membres de cette Société (23) établissait naguères la nécessité de relier le chemin

de fer de Caen avec la ligne d'Alençon
et de Chartres. Seulement, M. De La
Londe, par son plan du cours de l'Orne
et de tout ce qui avoisine cette rivière
depuis son embouchure jusqu'au-dessus
d'Argentan, sait en quelque sorte rendre sensible pour la plus vulgaire intelligence, l'utilité commerciale résul-
tant de l'exécution de son projet. Aussi,
dans son imagination ardente et toute
poétique, voyait-il déjà l'Abondance
verser de sa corne d'or, des richesses de
tout genre, sur notre trop fortuné pays,
grâce aux débouchés faciles que le cours
modifié de l'Orne offrait à l'agriculture
pour ses produits, à nos bois pour leur
exploitation (24).

Il avait même pu penser que près de
l'embouchure de notre rivière, il y aurait lieu d'établir un port utile et sûr.
C'est dans cette pensée qu'il a tracé le
plan d'une ville toute fortifiée à établir
dans la fosse de Colleville. Il ne faisait,

du reste, que tenter de réaliser une idée émise par un homme bien compétent en pareille matière, le célèbre Vauban. Nous voyons encore que ce même emplacement a été conseillé à Louis XIV par Colbert : on lit, en effet, dans le testament politique du grand ministre, ces paroles par lui adressées au roi : « Il y a long-temps que j'ai pris « la liberté de dire à Votre Majesté « qu'elle aurait grand besoin d'avoir « un port en Basse-Normandie, et de « lui représenter que la fosse de Colle- « ville est un endroit que la nature « semble avoir formé exprès pour cette « fin (25). »

Fort d'autorités aussi imposantes, M. De La Londe fera tout pour la réalisation de ce plan; il composera de nombreux mémoires pour démontrer l'avantage de cette position; mais il aura beau multiplier ses efforts incessants, il ne réussira pas : la rade de Cherbourg

doit obtenir plus tard la préférence. Néanmoins, il put croire un instant que
ses vœux se réaliseraient, grâce à une
panique générale dont fut frappée la
population riveraine depuis Sallenelles
jusqu'à l'embouchure de la Dive. Vers
la fin de 1749, sous l'influence d'une
violente tempête, la mer se montra plus
furieuse que jamais, et le pays alarmé
craignit de voir s'abîmer dans les flots
les dunes qui s'élèvent à droite de l'embouchure de l'Orne, et contre lesquelles vient expirer la fureur de l'Océan.
Déjà la terreur montrait la vague bri-
sant, au milieu de longs mugissements,
l'obstacle qui l'arrête, envahissant une
grande partie de la vallée d'Auge, et
frappant d'une déplorable stérilité cette
terre si féconde. Mais le cri d'alarme
que poussent les propriétaires du sol
ainsi menacé, est entendu; une commission est nommée pour aller examiner la cause d'une telle épouvante; le 3

janvier 1750, elle fait son rapport (26),
et M. De La Londe consulté par l'autorité répond, tant il veut la réussite de son
projet tout patriotique, que le moyen
sûr de prévenir le malheur redouté,
c'est de transporter l'embouchure de
l'Orne à Colleville ; il ajoute en même
temps que le canal qu'il devient nécessaire d'ouvrir, préparera pour la France
l'emplacement du port le plus profond
qui soit en Europe. Il peut donc penser que , grâce aux circonstances , le
plan des Vauban , des Colbert, que le
plan qu'après ces grands hommes il
médite lui-même depuis si long-temps,
va enfin recevoir son exécution : vaine
espérance ! une autre voix s'est fait en-
tendre ; l'économie a parlé, et cette autre
opinion a prévalu qu'une digue de
pierres , de terre , de bois, suffira pour
prévenir tout désastre. Toutefois , la direction des travaux ordonnés est confiée
à M. De La Londe , dont l'activité in-

fatigable sait bientôt ramener le calme dans les esprits (27).

Telles sont les occupations multipliées au milieu desquelles il a passé sa vie, et qui cependant ne l'ont pas empêché de remplir diverses fonctions civiles et militaires; on le trouve, en effet, officier de la compagnie colonnelle (28) du régiment de Mons, plus tard, échevin, procureur du roi près l'hôtel-de-ville de Caen, et partout il se montre à la hauteur de sa mission.

Tel est l'homme que nous révèlent ses travaux en tout genre (29).

Il ne nous resterait plus qu'à vous le montrer dans la vie intime ; mais ici, les documents nécessaires nous manquent; toutefois, nous croyons pouvoir avancer que le savant, que le philosophe se conciliait aisément dans sa personne avec l'homme du monde. Un de ses contemporains qui , peu de jours après sa mort, prononça quel-

ques paroles à sa louange au sein de
l'Académie, nous apprend « qu'en lui
« le goût de l'étude n'éteignit point
« celui des délassements honnêtes,
« qu'il était doué d'un esprit tout ori-
« ginal, lequel donnait un ton spécial
« d'agrément et de vivacité aux parties
« de plaisir qu'il dirigeait, qu'il aimait
« à conter, que ses récits intéressaient,
« que la jeunesse se complaisait à l'é-
« couter. »

Au défaut de ce témoignage, nous
aurions pu nous-même deviner l'ama-
bilité de son caractère, et le charme de
ses causeries intimes, en lisant quelques-unes de ses poésies légères. Ses
essais dans le madrigal nous révèlent
que la grâce et la galanterie sympathi-
saient admirablement chez lui avec la
science et la philosophie, heureuse al-
liance qui a dû contribuer à prolonger
son existence dans tout le calme de la
sérénité. Il a joui, en effet, jusqu'au

dernier instant de sa vie, de toute la
plénitude de ses facultés, exempt d'in-
firmités et de douleurs; il se livrait encore à ses travaux de prédilection le
jour même où il fut enlevé à sa famille
et à ses amis; après s'être servi de son
pinceau une dernière fois, il venait de
reprendre sa plume pour exprimer,
sans doute, de nouveau quelque idée
généreuse, lorsqu'un coup tout inat-
tendu vint le frapper. A cette attaque
subite, quand il eut repris ses sens, il reconnut qu'il ne devait plus douter de
sa fin prochaine; mais il la sentit s'ap-
procher sans crainte et sans trouble; il
avait su prendre ses précautions, et dans
sa pieuse sollicitude, il avait trouvé encore le moyen de faire le bien après lui,
par une disposition admirable (30) en
faveur de l'indigence qui ne veut pas
se laisser apercevoir, qui, née de l'ab-
sence du travail, ou de l'impuissance
des efforts tentés, ne craint pas d'user

d'une dissimulation quelquefois mortelle. Fort de tous ces actes qui caractérisent si éminemment l'homme de bien, il put recevoir alors avec ce courage de la résignation chrétienne qu'il avait puisé dans l'étude presque quotidienne des livres saints, les consolations suprêmes de la religion.

Ainsi s'éteignit sans secousse cette vie si utilement employée; M. De La Londe a fourni, en effet, sa carrière, en se consacrant entièrement au travail, en se dévouant de la manière la plus absolue et la plus désintéressée au service de son pays, et, par là, acquérant de jour en jour des droits incontestables à l'estime, à l'affection de ses concitoyens. Aussi, M. Porée (31), l'un de ses amis, et le grand oncle du vénérable doyen de nos Sociétés (32), n'était-il que le fidèle interprète de l'opinion publique, quand il composait, pour être gravée sur la tombe de l'académicien, l'épitaphe suivante que vous nous permettrez de citer comme conclusion de cette Notice :

DE TALENTS VARIÉS LE FRAPPANT ASSEMBLAGE
A SES CONCITOYENS LE RENDIT PRÉCIEUX.
PEINTRE ET POÈTE, IL EUT L'ÉMINENT AVANTAGE
DE PEINDRE A NOTRE ESPRIT, DE PARLER A NOS YEUX ;
UNISSANT AUX PINCEAUX LE COMPAS ET L'ÉQUERRE,
EN FAVEUR DE L'OPTIQUE IL FAÇONNA LE VERRE,
   ET NOUS OFFRIT LE MERVEILLEUX.
   SUR UN ANCRE L'ORNE PENCHÉE
L'ADMIRA TRAVAILLANT A RÉFORMER SON COURS.
QUAND VIENDRA LE MOMENT OU L'ORNE DÉGAGÉE
N'AURA PLUS A SUBIR DE PÉNIBLES DÉTOURS ?....
CE ZÉLÉ CITOYEN N'EST PLUS ; MAIS SA MÉMOIRE,
A L'ABRI DE L'ENVIE ET DES EFFORTS DU TEMPS,
VIVRA DANS SES ÉCRITS, DANS SES PLANS, DANS L'HISTOIRE,
   ET DANS LE CŒUR DES HABITANTS.

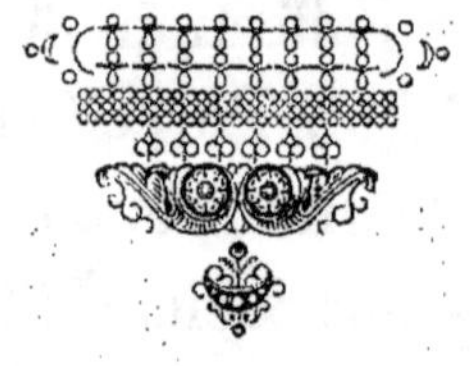

NOTES.

NOTES.

———●◆◆◆●———

(1) M.. Jacques-Richard De La Londe, son père, fut avocat, juge, etc.

(2) Ce collége du *Mont* était situé dans la rue dite aujourd'hui *rue de la Préfecture*, et précédemment appelée successivement *rue de l'Eglise St.-Etienne-le-Vieux*, *rue de la Porte St.-Etienne*, *rue du Collége du Mont*. Il occupait les bâtiments où se trouvent encore jusqu'à nouvel ordre les bureaux de la Préfecture.

Il se trouve mentionné en 1494 sous le titre de
Pédagogie de maître Henri Le Prévost.

En 1609, des lettres-patentes de Henri IV mi-
rent les Jésuites nouvellement établis à Caen en
possession du collége du Mont qu'ils ont conservé
jusqu'en 1762.

Il a dû être ainsi appelé, de ce que son emplacement avait été un manoir de l'abbaye du
Mont-St.-Michel.

C'est dans cet établissement dirigé par les Jésuites que M. De La Londe a fait ses études ;
il y était conduit par un précepteur dont il s'est
complu quelquefois à parler ; et nous voyons que
dès-lors il fixait son attention avec une curiosité
que le temps devait développer , et sur l'Eglise
St.-Etienne-le-Vieux, et sur la *Porte St.-Étienne*
que la ville tenait ouverte ou fermée selon les circonstances.

(*Essais historiques sur la ville de Caen ,* par
l'abbé De La Rue , tome 2. — *Histoire de la ville
de Caen,* par Fréd. Vaultier).

(3) Qu'on veuille bien nous permettre de rappeler ici en peu de mots, à l'occasion du prix
remporté par M. De La Londe, ce qu'était le
Palinod. On appelait ainsi un concours de poésie
d'allusion , ouvert chaque année, au sein de l'Université de Caen , en l'honneur de la sainte Vierge ,
à l'occasion de sa fête de l'Immaculée Conception.

Cette institution est due au zèle de l'ancienne

Université de cette ville; et elle se rattache à la solennité avec laquelle se célébrait ici , dès le XVe. siècle, la fête de la Conception de la sainte Vierge , appelée la *Fête aux Normands* à cause même de la grande pompe qui y était déployée. En effet, dès l'an 1466, l'Université de Caen *était dans l'usage* de la célébrer ainsi, dans l'église des Cordeliers, avec harangue latine pour le public, et distribution de vin aux professeurs.

En 1527, un sieur Jean Le Mercier, avocat des plus distingués à Caen , imagina , afin de donner plus d'éclat à la cérémonie , d'y rattacher un concours de compositions en vers.

En 1627, un Pierre Le Marchand, seigneur de Saint-Manvieu et de Rosel , fonda un prix de *cent jetons d'argent,* pour une ode française, et un sieur Louis Fouet, professeur ès-droits, fonda des prix pour deux odes latines, l'une en vers alcaïques, et l'autre en vers iambiques.

On attribue à l'institution du Palinod de Caen, laquelle a subsisté jusqu'en 1790, l'avantage qu'a eu cette ville de produire un grand nombre de poètes distingués par leurs succès dans les deux langues, latine et française.

Le mot *Palinod* peut signifier *chant répété, chant à refrain,* ou *chant contraire à un autre;* peut-être aussi seulement *chant renouvelé.*

(Voir *les Essais historiques de la ville de Caen ,* par l'abbé De La Rue, *l'histoire de la ville de Caen,* par Fréd. Vaultier.)

(4) Si le temps qui nous était donné , ne nous a point permis d'entrer dans quelques développements , peut-être nous saura-t-on gré d'ajouter ici , au moins en note , quelques détails rapides sur les compositions poétiques de M. De La Londe , que nous avons ainsi classées : 1°. Odes pour le concours du Palinod ; 2°. Paraphrases des Psaumes de David; 3°. Odes héroïques et philosophiques ; 4°. Traductions d'odes d'Horace ; 5°. Traductions de satires d'Horace; 6°. Poèmes divers ; 7°. Essais dramatiques; 8°. Poésies légères, sonnets , etc.

Dans l'odé qui lui valut le prix du Palinod , il avait été heureusement inspiré pour le choix de son sujet qu'il tire d'un passage des Catachèses ou instructions sur la religion, de saint Cyrille , patriarche de Jérusalem : *La conservation du cénacle au milieu de Jérusalem dont Titus vient de faire un monceau de ruines.*

Le poète décrit d'abord l'embrasement de la cité déicide par le feu des Romains et par le feu du ciel tout à la fois ; puis , il s'interrompt tout à coup , muet d'étonnement et saisi d'une frayeur religieuse , en apercevant debout parmi ces débris fumants, ce temple que les premiers fidèles avaient fait construire au lieu même où les apôtres assemblés avaient reçu l'Esprit-Saint , et dans l'allusion finale de son ode , il fait un rapprochement tout naturel entre ce temple primitif resté intact et la Vierge dont l'Eglise honore la pureté inaltérable dans cette fête de l'Immaculée Conception que nos ancêtres avaient choisie pour décerner des couronnes à la poésie.

Dans ses autres compositions pour le concours du Palinod, il célèbre ou Apollon vainqueur du serpent Python, ou la vérité de la religion chrétienne dont la sainteté fait mieux sentir combien le paganisme, avec ses turpitudes et ses souillures de tout genre, ne pouvait être que l'œuvre du démon.

Parmi ses odes héroïques, nous croyons devoir mentionner celles qui sont intitulées le *Parfait Héros*, les *Beaux-Arts*, l'*Ombre de Segrais* et le *Siècle d'Or*.

La première, qui porte aussi cet autre titre, les *Vertus de Louis-le-Grand*, valut à son auteur une lettre flatteuse du cardinal de Fleury; aussi ce précieux autographe du ministre de Louis XV, est-il conservé avec soin.

La deuxième a été lue à l'Académie le 2 mai 1748, et elle a été imprimée dans le *Mercure de France* du mois de juin suivant. Elle est adressée à M. Titon du Tillet, auteur du *Parnasse Français* en bronze, que l'amateur ne manque pas d'aller visiter, avant de quitter la capitale. M. De La Londe, en célébrant cette ingénieuse composition de M. du Tillet, ne néglige pas de saisir une occasion si naturelle de rendre un éclatant hommage aux poètes et aux artistes dont s'honore la France, et qui sur cette œuvre artistique apparaissent trèsressemblants en figures en pied et en médaillons.

L'*Ombre de Segrais* est une ode, que l'auteur lut le jour de sa réception à l'Académie, en 1732. Son intention évidente est de louer M. de Luynes, alors évêque de Bayeux, comme restaurateur et protecteur de cette société, qui avait été un instant dispersée.

Le *Siècle d'Or* est adressé au roi de Prusse. L'auteur veut féliciter Frédéric-le-Grand de l'accueil bienveillant que ce prince faisait aux amis des sciences et des lettres.

Ses poèmes divers roulent tous sur des sujets philosophiques ou religieux : *l'Homme puni par ses propres désirs; l'Amour divin*, etc.

Quant à ses essais dramatiques, nous en indiquerons seulement un que nous avons eu à notre disposition ; c'est une tragédie qui a pour titre *Amazille;* le sujet est tiré de l'histoire des Indiens.

La scène se passe dans une ville de l'Inde, au royaume de Calicut.

La pièce est en cinq actes, précédée d'un prologue.

Pour ses odes d'Horace, plusieurs sont imprimées dans les Mémoires de l'Académie, et d'autres y sont mentionnées de la manière la plus flatteuse pour l'auteur (*voir les années* 1753, 1754).

Ses Paraphrases en vers de la plupart des Psaumes de David, lui ont valu des éloges flatteurs de la part de ses contemporains; l'un d'eux, le père *Petit*, de la société de Jésus, lui disait :

> Que ton ouvrage est beau ! que tes vers sont touchants !
> On les lit : on entend parler le roi prophète ;
> De ce prince pieux, pour être l'interprète,
> Il fallait dans ton cœur avoir ses sentiments.

(5) M. Charma, professeur de philosophie à la Faculté des lettres de Caen.

(6) M. De La Londe a lu à l'Académie, en 1755, quelques fragments de son travail sur l'*Origine des anciens peuples;* il en a été rendu un compte assez détaillé dans le 2ᵉ. volume des Mémoires de cette Société, et l'analyse se termine par cette réflexion élogieuse : « Cette dissertation, quoique fondée sur des conjectures, est intéressante et remplie d'érudition. Nous avons lieu de penser que, lorsqu'elle sera finie, M. De La Londe voudra bien la rendre publique. »

Elle a paru en grande partie dans le *Mercure de France.*

(7) M. Fréd. Vaultier, ancien doyen et professeur de littérature française à la Faculté des lettres de Caen, s'est livré à des travaux très-étendus sur l'ethnographie ; il est auteur d'une carte très-curieuse où les peuples sont indiqués d'après les langues, et à l'aide de laquelle il est facile de suivre la filiation des nations basée sur les idiômes

primitifs et dérivés. Cette carte accompagne un
Mémoire spécial sur l'ethnographie, dont nous
avons dû la communication à la bienveillante ami-
tié dont nous honorait l'auteur, et cette communication nous a été très-utile dans notre travail sur
l'*Origine de la langue latine, sur ses vicissitudes et sur
leurs causes , jusqu'au siècle d'Auguste ;* Caen, 1828.

Il est à regretter que les travaux de M Vautier,
qui roulent sur des sujets de toute espèce, histoire, critique, littérature latine et française, et
qui tous se distinguent par la critique la plus judi-
cieuse, restent inédits. Espérons qu'un jour M.
Escher, aujourd'hui sous-intendant militaire à
Oran, en fera jouir les amis des lettres, à qui il
rendra un vrai service en même temps qu'il hono-
rera la mémoire d'un beau-père de l'hommage le
plus juste et le plus digne.

(8) Ses *Essais* sur la ville de Caen sont très-
étendus ; ses manuscrits prouvent qu'il n'a pas
craint de se mettre plus d'une fois à l'œuvre pour
résoudre la question si obscure de l'origine de
notre cité. Un des chapitres les plus intéressants
de ce travail, c'est celui où l'auteur traite de l'origine du château de Caen, de son étendue, de son
intérieur, et des voies souterraines qui en partent
ou y aboutissent. M. De La Londe communiqua
ses *Essais* par parties à l'Académie, en 1757. Ils
devaient être imprimés dans les Mémoires de la
Société, c'est ce que nous lisons en effet dans le

compté-rendu de la séance du 3 janvier 1757, volume II.

(9) M. De La Rue, ancien doyen et professeur
d'histoire à la Faculté des lettres de Caen, mort
en 1835, était plus apte que qui que ce soit, à juger
des travaux de ce genre. Il est auteur lui-même
d'*Essais historiques sur la ville de Caen*, en 2 volumes in-8°. ; d'*Annales militaires, civiles et ecclé-
siastiques de la ville de Caen et de la Basse-Normandie*, en 2 volumes in-8°. ; de divers *Mémoires
sur des questions relatives à Caen*, et dont l'importance est majeure pour cette ville. Aussi serait-
il à désirer que la cité tout entière sût mieux
qu'elle ne le sait, combien elle doit à l'érudition
de ce savant : témoin son Mémoire imprimé aux
frais de la ville, par arrêté de son conseil municipal, en date du 8 ventôse, an XII, lequel est
intitulé *Recherches historiques sur la prairie de
Caen.*

L'auteur, après l'avoir communiqué au conseil
municipal, qui l'en remercia officiellement par
l'organe de son président, M. Daigremont-St.-Man-
vieux, le lut à la Société d'Agriculture de Caen le
17 du même mois.

M. De La Rue y établit historiquement et en
vertu de titres, d'une authenticité irrécusable,
« *Que les possédant fonds dans nos prairies n'ont
que le droit de la première herbe, sans avoir celui
de clore leurs possessions.* »

Aussi le conseil municipal déclare-t-il, dans sa délibération *ad hoc*, que c'était là un travail d'une immense utilité pour la ville.

(Voir, à cette occasion, l'arrêt de la Cour d'appel de Caen, du 13 juillet 1835, grâce auquel nous n'avons plus à craindre de voir morcelée par des clôtures diverses, sans nombre et de toute espèce, cette belle et magnifique prairie que nous montrons avec orgueil à l'étranger, en parcourant avec lui nos promenades et les rives de l'Orne.) ·

(10) On appelle *marbre de Torigny* un piédestal de marbre qui a dû servir à supporter une statue, élevée dans le IIIe. siècle de l'ère chrétienne à *Titus Sennius Sollemnis*, prêtre de Mercure, de Mars et de Diane, originaire de la cité des *Viducasses*. Trois côtés de ce piédestal sont chargés d'inscriptions; ce monument fut érigé en vertu d'un décret de l'assemblée générale des trois provinces des Gaules. La cité des *Viducasses* ayant été détruite, sans doute lors des invasions Saxonnes de la fin du IVe. siècle et du commencement du Ve. de notre ère, le monument avait péri comme tout le reste; mais un heureux hasard l'ayant fait découvrir, vers la fin du XVIe. siècle, sur le territoire de la commune de *Vieux*, à huit kilomètres de Caen environ, le maréchal de Matignon fit transporter, en 1580, ce piédestal en son château de Torigny; c'est là qu'il est resté jusqu'en 1814, époque où il a été donné par le nouveau proprié-

taire du château à M. Clément, alors secrétaire-
général de la préfecture de la Manche, qui, lui,
en connaissait tout le prix. M. Clément l'a fait
déposer chez lui, et a promis, sous la condi-
tion que ce piédestal serait placé dans le nouvel hôtel-de-ville, d'en faire hommage à la cité
aux intérêts de laquelle il a voué toute son existence.

C'est donc à Torigny que les savants sont allés
étudier ce monument; M. Petite, ancien official
de Bayeux, en a copié le premier les inscriptions,
en 1670; Ducange en fait connaître un fragment
dans son Glossaire; Galland, membre de l'Académie des inscriptions, les a relevées à son tour
en 1678. Le savant Huet s'en est occupé; l'abbé
Lebœuf, en 1746, a essayé d'en donner une expli-
cation. M. De La Londe devait, à son tour, en faire
l'objet de ses investigations; c'est ce qu'il fit et par
lui-même et sur la demande de M. De Laroque, un
des rédacteurs du *Mercure de France*. De là, sa
dissertation dont nous avons parlé, laquelle porte
également sur des médailles trouvées au village de
la commune de *Vieux*.

(Voir le savant Mémoire de M. Edouard Lam-
bert, inséré dans le tome VI des *Mémoires de la
Société des Antiquaires de Normandie*, 1833.)

(11) M. Le Coq de Biéville, professeur royal
en droit, était directeur de l'Académie des Belles-
Lettres de Caen en 1754.

(12) Quoiqu'il ne nous convienne pas de prononcer sur le mérite de M. De La Londe comme peintre, et de ranger ses tableaux par école d'une manière absolue, pent-être, cependant, nous serait-il permis de les classer d'après les sujets ; nous dirions alors que les uns appartiennent à la religion, les autres à la mythologie, ceux-ci à l'histoire; que ceux-là sont des paysages, des fleurs ; que d'autres sont de petits tableaux de genre, des portraits.

Dans le genre *religieux*, on remarque un Christ en Croix; un Ecce homo d'après *Le Brun*, et un autre d'après *Annibal Carrache ;* une Vierge veillant près de l'enfant Jésus; le David à l'encre de Chine dont nous avons parlé , et qui se trouve en tête de la Paraphrase en vers des Psaumes pénitentiaux.

Dans le genre *mythologique*, on pourrait citer, une Toilette de Vénus , d'après l'*Albane ;* un Bacchus pris de vin ; une Vénus entourée d'amours près d'une fontaine dans une forêt.

Au genre *historique* peuvent appartenir un Achille reconnu par Ulysse ; un Alexandre avalant la coupe que lui présente son médecin, etc.

Quant aux *portraits*, nous savons par une note écrite peu de temps après sa mort, que M. De La Londe avait peint un grand nombre de ses amis. Nous ne doutons pas qu'il n'y ait réussi très-heureusement, si nous en jugeons par le sien propre qu'il a fait lui-même, et qui a été mis, avec quelques autres, sous les yeux de l'Académie et dans une de ses séances mensuelles, et à la séance publique et solennelle du 22 novembre dernier.

Nous le répétons, en terminant cette note, que nous avons faite uniquement pour donner une idée des travaux de M. De La Londe : nous restons frappés d'étonnement en présence de cette variété inouïe de compositions.

Ajoutons toutefois que ces compositions ne sont souvent que des compositions d'après les estampes des grands maîtres, dont il prenait les parties qu'il jugeait préférables ; il changeait souvent les traits des personnages pour les remplacer par ceux de ses amis. Presque toujours la dimension de son tableau diffère de celle de la gravure d'après laquelle il travaillait.

Les connaisseurs admirent dans les tableaux de M. De La Londe, la distribution des ombres et surtout son coloris vif et brillant.

(13) Parmi les instruments que construisit M. De La Londe, on peut citer 1°. un *télescope;* 2°. une *lanterne magique* d'une assez grande puissance, et sur les 24 verres de laquelle il a peint 180 sujets différents ; chaque sujet comprend souvent deux, trois et même quatre personnages ; quelques-uns sont tirés des caricatures de Callot ; 3°. deux *optiques* proprement dites, de différente grandeur ; il a dessiné et peint les 32 vues de la

plus grande , et colorié les vues de la plus
petite.

(14) On peut étudier cette *Vue* à la bibliothèque
publique de notre ville. Il vient d'en être offert de
nouveau un exemplaire à cet établissement, et un
autre à l'Académie des sciences , arts et belles-
lettres de Caen, ainsi qu'un *Plan* de notre cité ,
gravé d'après les dessins de M. De La Londe, en
1747.

A ce double cadeau il a été joint le portrait
de ce laborieux académicien, lequel a été accepté
avec reconnaissance et par la ville et par l'Académie.

(15) La planche en cuivre de cette *Vue* du Palais
de l'Université, se trouve aujourd'hui à la Bibliothèque publique de notre ville.

Dernièrement, un amateur l'a empruntée pour
en faire tirer plusieurs exemplaires.

Quant aux planches de la *vue* et du *plan* de Caen,
elles sont entre les mains d'un dépositaire fidèle
qui les conserve précieusement, comme tout c e
qui provient de son trisaïeul.

(16) Ce fut en 1658 que le R. P. *Eudes* fit l'ac-
quisition d'un terrain sur la place dite des *Petits-
Prés*, pour la fondation de sa maison. Cet édifice
est devenu l'Hôtel-de-Ville actuel.

(17) Sur quelques-uns de ses plans, M. De La
Londe représente Caen tel qu'il voudrait le voir,
avec les modifications qu'il juge convenables ; mais
aux endroits où il désirerait que des changements
fussent apportés, il a adapté à la feuille principale
des fragments de papier d'une étendue plus ou
moins grande, lesquels recouvrent les parties mo-
difiées, et sur lesquels ce qui existe de son temps
est scrupuleusement reproduit. Ainsi, tout d'abord
c'est Caen tel qu'il existe, que l'on voit ; puis, en
soulevant tel fragment de papier, on voit ce qui
serait, la modification indiquée étant réalisée. Si
les changements qu'il regarde comme devant être
apportés à tel endroit de la ville, à telle place, à
telle rue, lui paraissent possibles de plusieurs
manières, il les indique tous par le même pro-
cédé : alors on soulève successivement plusieurs
fragments de papier disposés les uns au-dessus
des autres, et sous ce qui est, on voit successivement ce qui serait, si tel ou tel projet recevait son
exécution.

Ses contemporains savaient un gré infini à M. De
La Londe des efforts incessants qu'il ne discontinuait
de tenter pour l'intérêt de sa ville. Nous lisons, en
effet, dans le compte-rendu d'une séance publique
de l'Académie des Belles-Lettres, du 13 janvier
1757 (*Mémoires*, vol. IV) : « Les embellissements
« de la ville de Caen, les travaux à faire à son
« port et à sa rivière, occupent sans cesse le zèle
« de cet académicien, » et M. Bocquet du Haut-

Bosq , directeur de la Société pour cette année
1757, disait, en résumant la première partie de la
dissertation de M. De La Londe sur les Antiquités
de la ville de Caen : « Votre patriotisme, Monsieur,
« s'étend à tout; non content de tenter *depuis si*
« *long-temps, aux dépens de votre repos,* les moyens
« de procurer de grands avantages à la ville de
« Caen , vous sacrifiez encore vos veilles à la dé-
« couverte de son origine..... »

(18) M. Dufeugueray, ancien préfet : il faut lire
les articles qu'il a publiés dans l'*Ordre et la Liberté*, sous le titre de : *Eaux et fontaines publiques
de la ville de Caen.* C'est un travail qui mérite de
fixer, sous tous les rapports, l'attention générale.
Puisse la ville se trouver, dans un temps aussi rap-
proché que possible , en mesure de l'exécuter !
Outre l'avantage immense qu'elle en retirerait pour
la propreté des rues, l'utilité de ses habitants, elle
se verrait ornée de monuments grandioses qui
consacreraient le souvenir de ses célébrités, digne
hommage rendu à la valeur, au génie, à la vertu.

(19) Girard, Pierre-Simon, né à Caen le 4 novembre 1765, mort en 1836. « C'est à sa persé-
« vérance éclairée, courageuse, quoique long-
« temps blâmée comme une aveugle et opiniâtre
« obstination, que Paris doit ses canaux de l'Ourq,
« de St.-Denis, de St.-Martin. Nommé directeur
« des eaux de Paris, il se mit à continuer ses pro-

« jets, ses plans, ses travaux pour la conduite
« des nouvelles eaux et l'assainissement général
« de la ville, etc. »

(Voir le discours prononcé par M. de Boislam-
bert, professeur à la Faculté de Droit, à l'occasion
de l'inauguration du buste de P.-S. Girard, le jour
de la rentrée solennelle des différentes facultés de
l'Académie de Caen, le 6 novembre 1849.)

(20) C'est avec bonheur que nous avons vu ce
même vœu éloquemment formulé dans la séance
publique et solennelle de l'Académie des sciences,
arts et belles-lettres de Caen, le 22 novembre
1849, en présence d'un public nombreux et choisi.

« Un de nos compatriotes, dit, dans son discours
d'ouverture, M. Charma, professeur de philosophie à la faculté des lettres, lequel présidait cette
séance : « Un de nos compatriotes, né à Caen,
« mort à Caen, il n'y a pas un siècle encore, a
« passé une vie des plus honorables et des plus
« laborieuses à chercher les moyens d'assainir,
« d'agrandir, d'embellir notre ville. Il a consacré
« des sommes considérables, en partie à réaliser
« ses idées, en partie à les éprouver et à les mûrir.
« Philosophe, poète, dessinateur, peintre, natu-
« raliste, il était surtout ingénieur hydrographe.
« Parmi les innombrables projets, qu'en cette
« qualité il avait conçus, on ne voit pas sans sur-
« prise le plan d'un canal joignant Caen à la mer,
« plan dont sur plus d'un point l'œuvre maintenant

« consommée n'est qu'une heureuse copie. Eh !
« bien, Messieurs, cet homme qui a tout fait pour
« nous, qu'avons-nous fait pour lui? Combien
« sommes-nous ici qui connaissions, même va-
« guement, cette existence si utilement remplie?
« L'Académie, dont il fut de son temps un des
« membres les plus actifs, vient réparer un trop
« long oubli. Un de nos collègues a retrouvé et
« mettra tout-à-l'heure sous vos yeux les titres de
« François-Richard De La Londe. Vous nous direz,
« après en avoir pris connaissance, si nous ne
« sommes pas en droit de demander pour lui à la
« cité et à l'administration, qui en comprend si
« bien les véritables intérêts, non pas une statue,
« ni même un buste, mais le modeste honneur de
« donner son nom au bassin dont le premier il a
« eu l'idée, ou du moins à l'une des rues qui
« l'avoisinent, à l'un des quais qui le longent!

« Cette requête, en faveur de l'un de nos an-
« ciens confrères, je l'ai présentée d'une main
« ferme; j'avais toute l'Académie avec moi. »

A son tour, M. Travers, secrétaire de l'Académie, disait à la même séance publique, dans son
Rapport sur les travaux de la Société : « Vous
« avez écouté, Messieurs, avec un vif intérêt,
« une *Notice biographique sur l'ingénieur De La*
« *Londe* (1), ancien membre de cette Académie,

(1) Cette notice avait été lue à la séance mensuelle de l'Académie en juin 1849, et elle vient d'être imprimée dans les Mémoires de cette Société.

« un de ces hommes utiles, trop oubliés des géné-
« rations nouvelles, mais qui revit sous la plume
« de M. Latrouette, et dont les services ne seront
« pas toujours méconnus par notre cité. Nous ap-
« pellerons sur sa mémoire l'attention du Conseil
« municipal, et son nom sera consacré sans doute
« par quelque place, quelque rue ou quelque mo-
« nument. »

Prenant en considération des vœux aussi solen-
nellement formulés, l'Académie a nommé dans son
sein une commission spéciale pour aviser aux moyens
de les réaliser, en s'adressant à l'autorité compétente. Espérons alors qu'un légitime et digne hommage
ne tardera pas à être rendu à la mémoire de

FRANÇOIS-RICHARD DE LA LONDE !

(21) M. Bertrand, maire de la ville de Caen,
doyen et professeur de littérature ancienne à la
Faculté des lettres, Chevalier de la Légion-d'Honneur, membre de l'Académie des sciences, arts et
belles-lettres, de la Société des Antiquaires de
Normandie, etc.

(22) M. Jacques-François-Richard De La Londe,
né à Caen, le 9 septembre 1758, était le petit-fils
de celui à la mémoire duquel est consacrée cette
Notice.

« A l'exemple de son aïeul, dit M. de Caumont
dans l'Annuaire de l'Association normande, an-

née 1842, « il sut constamment montrer dans sa
« longue carrière le même dévouement aux inté-
« rêts du pays.

« Il avait, en 1788, été nommé conseiller au
« bailliage vice-présidial de Caen.

« Aussitôt que l'ordre commença à se rétablir,
« en 1796, il devint administrateur des hospices et
« membre du Bureau de bienfaisance ; et ce n'est
« qu'au bout de 34 ans, en 1830, qu'il a cessé ces
« fonctions, honorables sans doute, mais souvent
« pénibles et qui exigent beaucoup de dévouement
« de la part de ceux qui les remplissent.

« Les hommes aussi respectables et aussi désin-
« téressés que M. De La Londe sont rares et ho-
« norent les villes qui les possèdent. La commune
« de Caen doit beaucoup à M. De La Londe, qui
« a, pendant ving-six ans, partagé avec plusieurs
« maires les travaux nombreux et les soins con-
« tinuels qu'exige le gouvernement d'une ville de
« plus de 40,000 habitants : nommé adjoint en
« 1806, il l'a été jusqu'en 1830.

« En 1826, il avait reçu la croix de la Légion-
« d'Honneur, en récompense de ses longs services.

« M. De La Londe était membre de la Société
« d'agriculture et de commerce, dont son grand-
« père avait été l'un des fondateurs. Les progrès
« de l'agriculture et le séjour qu'il faisait une
« partie de l'année à La Londe, près Caen, lui
« ont fourni les moyens de faire à la Société d'in-
« téressantes communications.

« M. De La Londe est mort à Caen , le 26 no-
« vembre 1841 , emportant les regrets et l'estime
« de tous ses concitoyens. »

(23) M. Thomine-Desmazures aîné, avocat, ancien professeur à la Faculté de droit, Représentant
du peuple à l'Assemblée législative : *Mémoire sur
le chemin de Caen à Paris.*

(Voir aussi un *Mémoire* sur la même question,
par M. Dufeugueray , qui sait y rappeler les travaux de M. De La Londe pour la canalisation de
l'Orne.)

Il reste évident que M. De La Londe voulait,
par son projet, procurer à notre pays tous les
avantages qu'on attend du chemin de fer de Caen
à Paris par Alençon.

(24) Qu'il nous soit permis de donner ici , avec
rapidité toutefois, quelques détails historiques sur
le projet de canaliser l'Orne.

Il fut l'une des pensées de Henri IV; en 1593, ce
prince nomma , par lettres-patentes du 24 juillet,
une commission qui fut chargée d'examiner si le
cours de la rivière entre Argentan et Caen, était
susceptible de devenir navigable; et cette commission reconnut, dans son procès-verbal du 15
octobre 1592 , que la canalisation de l'Orne est
possible.

Il ne s'agissait plus que de mettre ce projet à
exécution; les officiers municipaux de Caen l'ap-

pelaient de tous leurs vœux; mais leurs efforts et leur zèle échouèrent contre de sourdes intrigues, nous apprend *M. Lange* père, dans un Mémoire du 25 juin 1821.

De même, quoique Vauban, chargé en 1679 par Colbert de visiter les côtes, après avoir porté aussi son attention sur le cours de l'Orne, déclare dans ses Mémoires qu'elle peut devenir navigable jusqu'à Argentan, rien ne s'exécutait; il y a plus : il est permis de croire que de nouveaux obstacles avaient été suscités.

Nous lisons dans un Mémoire imprimé en 1747, et signé de M. De La Londe, député *ad hoc* de la noblesse, des négociants et habitants de la ville de Caen : « Aux réflexions de M. de Vauban, ample-
« ment détaillées dans ses *Observations* sur la ri-
« vière d'Orne, on va en ajouter quelques autres
« qui ne seront pas moins solides ; mais, aupara-
« vant, on permettra aux habitants et négociants
« de Caen d'expliquer les motifs qui les font agir
« aujourd'hui. »

En 1740, ils présentèrent un Mémoire au Con-seil, tendant à rétablir la rivière d'Orne. Ce Mé-moire fut remis à M. de la Briffe, intendant de cette généralité, pour nommer une personne qui en levât le plan, et fît le devis estimatif du travail qu'il convenait d'y faire.

« On avait le dessein, pour les frais indispen-
« sables de la levée de ce plan, de demander
« quelques deniers sur les généralités de Caen et

« d'Alençon, intéressées à ce projet. Mais jusqu'à
« présent on avait cru devoir garder le silence,
« pour ne pas importuner SA MAJESTÉ, occupée des
« frais d'une guerre qui exige une grande dépense,
« et à laquelle ELLE donne toute son attention ;
« on aurait même encore différé ; mais l'état pré-
« sent de la marine demande qu'on lui indique
« des secours et les moyens d'avoir des bois pro-
« pres à la construction des navires (1). »

Voilà donc un projet que la ville de Caen voudrait voir exécuter, dont les études premières vont
être ajournées parce qu'il n'y a pas de fonds dis-
ponibles ; le trésor de l'État est épuisé par la
guerre de la succession d'Autriche, dans laquelle
la France s'est laissée entraîner malgré le cardinal
de Fleury ! Cependant il est à craindre qu'une
entreprise qui doit offrir tant d'avantages à la ville,
ne reçoive jamais d'exécution ; il est même à
craindre qu'un autre projet ne soit préféré au pré-
judice de Caen. Que faire dans une telle circons-
tance ? Celui que la noblesse, les négociants et les
habitants de la ville de Caen ont chargé de défendre
les intérêts de la cité, ne mettra pas seulement à
sa disposition son génie et sa plume ; son patriotisme ne recule devant aucun sacrifice, quand il
s'agit de la prospérité de son pays. Écoutons ici

(1) Mémoire instructif en réponse aux projets proposés pour
construire un port de mer dans la paroisse de Port-en-Bessin,
1747. — Il se trouve à la Bibliothèque de la ville.

M. Lange père, ancien membre de notre Académie, dans le travail par lui publié le 25 juin 1821 et imprimé chez Bonneserre, sous ce titre : *Mémoire contenant quelques éclaircissements sur les différents projets qui ont paru pour la navigation supérieure et inférieure de l'Orne :*

« En 1748, dit-il, une association à la tête
« de laquelle était un membre distingué de l'Aca-
« démie des belles-lettres de Caen, M. De La
« Londe, qui nous a laissé plus d'un monument
« de son savoir et de ses talents, *fit faire, à ses*
« *frais*, une nouvelle vérification du cours de la
« rivière, par l'ingénieur-géographe Bourroul. Le
« plan déposé à la bibliothèque de la ville, par
« M. De La Londe, petit-fils de l'académicien, est
« sur une grande échelle, et consiste en 20
« feuilles, dont les 18 premières donnent, dans
« le plus grand détail, le développement des
« 56,420 toises que l'on compte du pont d'Argen-
« tan à la chaussée de Montaigu. Les deux autres
« feuilles sont pour la partie située au-dessous
« de Caen. Ce plan est accompagné de dessins
« d'ouvrages d'art et de manuscrits, dont un porte
« pour titre : »

« *Etat du nivellement qui a été fait au mois*
« *d'octobre 1748, pour connaître les pentes, chutes*
« *et profondeurs d'eau, dans l'état présent, le long*
« *du cours de la rivière d'Orne, où sont marquées*
« *aussi les pentes et chutes d'écluses que l'on doit*
« *observer pour rendre cette rivière navigable, depuis*

« *Argentan jusqu'à Caen, soit pour descendre ou*
« *pour remonter, le tout se rapportant au projet*
« *qui est tracé sur les plans, profils et développe-*
« *ments du cours de cette rivière, lesquels ont été*
« *levés dans les mois de novembre et décembre de*
« *cette même année 1748. On observera que ces opé-*
« *rations ont été faites dans le temps des plus basses*
« *eaux, et que l'on s'y est conformé pour fixer les*
« *distances et les chutes des écluses, afin qu'il y ait*
« *au moins quatre pieds d'eau dans les parties les*
« *moins profondes, le long du cours de cette rivière,*
« *et cela dans le temps des basses eaux; laquelle*
« *profondeur est suffisante pour faire naviguer des*
« *bateaux du port de cent milliers ou environ.* »

« Ce travail ayant été soumis à l'examen de M.
« Gourdon de l'Eglisière, lieutenant-général des
« armées du Roi, et directeur général des forti-
« fications de Haute et Basse-Normandie, son
« approbation inspira aux associés assez de con-
« fiance pour proposer au gouvernement d'entre-
« prendre à leurs frais l'exécution du projet
« et même de payer les indemnités, pourvu qu'il
« leur fût accordé, sur les denrées et marchan-
« dises transportées par la rivière, un droit qui
« serait réglé par le conseil..... »

Ainsi, grâce à cet acte de désintéressement de
M. De La Londe, la ville de Caen se sera trouvée
dans la possibilité d'adresser une réclamation mo-
tivée, et de poursuivre avec instance la réalisation
d'un vœu que le génie et la science lui permet-

taient de former depuis long-temps. En présence
d'une telle abnégation, que la cité nous saura gré
d'avoir rappelée à sa mémoire, que pouvons-nous
faire, sinon d'admirer un *citoyen généreux* qui, vu
l'insuffisance du trésor public, offre sa fortune pri-
vée pour obtenir le développement commercial de
sa ville!! HONNEUR, MILLE FOIS HONNEUR A UN TEL
DÉVOUEMENT!!

Si les dépenses considérables que s'imposa alors
M. De La Londe, n'eurent point pour résultat la mise
immédiate à exécution de la canalisation de l'Orne,
il ne perdit point l'espérance que ce projet se réa-
liserait un jour. Aussi ne laissait-il échapper
aucune occasion de reproduire l'idée patriotique
qui le dominait, et ses contemporains lui en savaient un gré infini. Nous lisons, en effet, qu'en
1757, M. Bocquet du Haut Bosq, directeur de
l'Académie, lui disait dans le résumé que nous
avons déjà cité dans ces notes : « Il ne manque plus
« à notre cité que des circonstances favorables au
« succès du *magnifique projet* qui vous intéresse
« et qui doit la mettre dans la première classe des
« villes du royaume. » (*Mémoires de l'Académie,
tome IV.*)

Nous voyons de même la plupart de ceux qui,
depuis, se sont occupés de la canalisation de l'Orne,
tenir bon compte des travaux entrepris et des
efforts tentés par M. De La Londe.

(Voir outre les ouvrages déjà cités, 1°. Un *précis
historique sur la navigation de la rivière d'Orne,* lu

à l'Académie, en 1815, par M. Lange, un de ses membres ; — 2°. Les *Rapports sur les travaux de l'Académie des sciences , arts et belles-lettres de Caen*, par M. Delarivière, in-8°., vol. II ; — 3°. *Canalisation de l'Orne à la mer, et jonction de l'Orne à la Loire*, brochure imprimée en 1824 ;— 4°. *Mémoires sur le chemin de fer de Caen à Paris, par Alençon*, par M. Dufeugray , ancien préfet, membre du conseil municipal de Caen , travail déjà indiqué ci-dessus.

(25) On nous saura peut-être gré de rétablir ici textuellement le passage du testament politique de Colbert, que nous n'avons guère fait qu'indiquer.

On y lit, pages 296 et 97, édition de La Haye, année 1694 :

« Il y avait long-temps, dit-il, en s'adressant à
« Louis XIV , que j'avais pris la liberté de repré-
« senter à votre Majesté qu'elle devrait augmenter
« son armée navale, en faisant construire de nou-
« veaux vaisseaux ; mais M. de Louvois s'y opposa,
« sous prétexte de deux raisons : la première, qu'il
« ne fallait pas donner de jalousie à l'Angleterre ;
« l'autre, que le royaume n'était pas en état de
« supporter une si grande dépense ; il se servit
« aussi du même prétexte pour empêcher que
« votre Majesté ne fît un port sur les côtes de
« la Basse-Normandie, dont néanmoins elle aura
« grand besoin, si elle avait jamais la guerre avec

« l'Angleterre ; en cas que vos vaisseaux soient
« mal traités, où iront-ils chercher retraite ? Il y
« a bien loin de la Manche à Brest ou à Roche -
« fort. Votre Majesté y doit bien penser. Je lui en
« ai encore dit mon sentiment, il n'y a pas long-
« temps, et que la fosse de COLLEVILLE est un
« endroit que la nature semble avoir formé exprès
« pour cela. Votre Majesté a écouté mes raisons ,
« et j'ai cru même, pendant un temps, qu'elle les
« goûtait si fort, qu'elle donnerait ses ordres pour
« y faire travailler. Mais j'ai appris depuis que le
« marquis de Louvois avait encore empêché un
« coup si nécessaire à l'Etat, en lui insinuant
« que cet endroit n'était pas si bien que je le
« disais : mais que, etc. »

Le marquis de Louvois émettait ainsi une opinion
opposée à celle de Vauban , qui, après avoir levé
le plan de l'Orne par ordre du Roi, avait indiqué
la fosse de Colleville pour l'emplacement d'un
port et d'un bassin à établir sur les côtes de la
Basse-Normandie.

M. De La Londe, comme on le pense bien, ne
manqua pas de rappeler l'opinion de Vauban et
de Colbert, dans le Mémoire que nous avons déjà
cité et qu'il rédigea comme député de la noblesse,
des négociants et des habitants de la ville de Caen :
« La fosse de Colleville, y dit-il, page 3, sondée
« et mesurée par Vauban, pour y faire un port,
« et où M. Colbert avait tant de fois conseillé à
« Lous XIV de faire travailler, est l'unique partie

« de la Manche où la tenure soit bonne, et où il
« y ait assez d'eau. C'est par cette rade que les
« navires sortant de la rivière de Caen, pour-
« raient aller croiser sur la Manche, pour s'opposer
« aux corsaires anglais, qui, à la faveur des ports
« qu'ils ont de leur côté, se rendent les maîtres
« de ce canal, qui nous sépare d'avec eux. On
« serait en état aujourd'hui de rendre inutiles
« toutes les munitions qu'ils ont amassées dans les
« îles de *Jersey* et *Grenesey*, dont ils sont les
« maîtres depuis long-temps, et dont le voisinage
« peut toujours nous être incommode. »

Ainsi, M. De La Londe profitait de tout pour
arriver à la réalisation d'un projet qui lui paraissait être de nature à procurer à son pays des avantages incalculables.

(26) Le *procès-verbal de l'état actuel* des dunes
de Sallenelles, du 3 janvier 1750, dont nous avons
à notre disposition un exemplaire imprimé, est
signé de Jean Boisard, architecte, inspecteur des
ouvrages de l'hôtel-de-ville de Caen, et de plusieurs notables.

On y lit que M. De La Londe, ancien procureur
du Roi, et l'un des membres de l'Académie des
belles-lettres de ladite ville de Caen, fut requis
de faire partie de la commission nommée pour
examiner les dégâts occasionnés par la mer,
comme ayant beaucoup de connaissance de toute
cette partie de Sallenelles, tant *pour en avoir levé*

plusieurs plans, que pour avoir communication de ceux que M. de Vauban avait anciennement levés de toute cette partie.

La commission ayant visité Sallenelles le 28 novembre et le 15 décembre 1749, fit son rapport qu'elle terminait en disant : « Nous avons trouvé « qu'il y a tout à craindre que la mer ne vienne à « percer la dune, d'où ensuite elle irait tomber dans « les herbages adjacents , et submerger tous les « bas fonds qui s'étendent dans la vallée d'Auge. »

Nous n'examinerons pas ici la valeur de cette conclusion ; nous devons nous borner à constater le fait.

Remarquons, toutefois, en terminant cette note, qu'il est assez étrange qu'à un siècle de distance, au moment même où nous traçons ces lignes, janvier 1850 , on nous parle de quelques désastres occasionnés, à Sallenelles et sur toute notre côte, par la marée du 31 décembre dernier, lesquels auraient pu être cent fois plus terribles, si les vents eussent poussé avec violence contre nos terres la hauteur des vagues.

C'est à la science d'examiner si dans un tel phénomène contre les conséquences redoutées duquel l'Angleterre a pris tant de précautions, il y aurait à constater une périodicité séculaire.

(27) Les travaux ordonnés, qui furent exécutés sous la direction de M. De La Londe, furent détruits presque aussitôt qu'ils furent achevés, et le

danger qu'on avait voulu conjurer par là , ne se réalisa cependant pas.

Ne pourrait-on point, à ce sujet, l'accuser d'avoir partagé une crainte au-dessus de laquelle sa science aurait dû le placer, et n'aurait-il pas dû alors, s'il ne la partageait pas , épargner au pays la dépense assez considérable que coûta la digue élevée?

Nous répondrons à cette double question par une citation que nous emprunterons à un discours prononcé au sein de l'Académie des belles-lettres de Caen, le 5 mars 1767, un an et demi après la mort de M. De La Londe, à une époque où déjà la postérité avait commencé pour lui, et où l'histoire ne devait plus craindre de dire sur son compte la vérité sans l'envelopper d'aucun voile : « A Dieu « ne plaise que j'aie en vue, disait l'auteur de ce « discours, de rien imputer d'offensant à la « mémoire de M. De La Londe. Toujours pas- « sionné pour le canal nouveau, il feignit de « croire le mal réel ; il se flatta que pour pré- « venir l'anéantissement de plusieurs millions de « revenus on adopterait son plan.......... Notre « confrère ne chercha point à dissiper la terreur « de 1749 et 1750 ; il espéra qu'elle accélérerait « l'exécution de son plan ; mais lorsqu'il vit qu'elle « n'occasionnait qu'un palliatif, dont il prévoyait « l'inutilité, il s'empressa de construire la digue « ordonnée, pour reprendre ses occupations litté- « raires. »

Ajoutons toutefois que si les craintes ne se rénouvelèrent plus, même après la destruction des travaux exécutés, c'est que M. De La Londe, ayant reconnu qu'il n'avait aucune espérance de voir, par suite de la panique générale, commencer les travaux qu'il conseillait, s'était empressé de rassurer lui-même les esprits, et de les prémunir pour l'avenir contre ces inquiétudes que d'abord il n'avait pas voulu dissiper, dans l'intérêt du pays, tel que le comprenait son âme si généreuse.

(28) On appelait autrefois *compagnie colonnelle* la première compagnie des grenadiers du premier bataillon d'un régiment.

(29) M. De La Londe a joui d'une réputation bien méritée, comme l'attestent suffisamment les autorités diverses que nous avons citées dans ces notes, et sur lesquelles nous nous sommes appuyés, bien que nous eussions en outre sous les yeux ses manuscrits, ses tableaux, ses plans et ses cartes, quand nous avons rédigé la Biographie, que comme membre de l'Académie nous avons consacrée à la mémoire d'un ancien académicien qui a si bien mérité de la Société dont il faisait partie.

Outre les ouvrages déjà indiqués précédemment, il en est d'autres où nous avons également trouvé mentionné à juste titre le nom de M. De La Londe, et parmi lesquels nous pouvons citer les suivants qui se rencontrent, la plupart, à la bibliothèque publique de notre ville :

1°. Le Mercure de France, juin 1730; *Voyage de Basse-Normandie*, par M. de La Rocque;

2°. Le Nouveau dictionnaire historique, volume 7e., 1804, 8e. édition;

3°. La Biographie universelle, par de Feller, tome 7e., édition de 1834;

4°. L'Itinéraire descriptif, historique et monumental, des cinq départements formés de l'Ancienne Normandie, suivie de la nomenclature alphabétique des auteurs et artistes normands, par M. L. Dubois, ancien bibliothécaire, membre de plusieurs Académies;

5°. Le Dictionnaire universel, historique, critique et bibliographique, par une société de savants français et étrangers, 9e. édition, tome 8e.;

6°. Les Notices biographiques, littéraires et critiques, sur les hommes célèbres du Calvados, par M. Boisard; — etc.

(30) M. De La Londe, pour n'être pas surpris par la mort, sans avoir exprimé ses dernières volontés, avait eu soin de faire son testament, cinq ans avant le coup fatal qui l'enleva subitement à sa famille et à la science. Qu'on veuille bien nous permettre de faire connaître quelques fragments de cet autographe, pour mieux faire apprécier encore la générosité de son âme :

« Au nom du Père , du Fils et du St. Esprit,

« Aujourd'hui deux de novembre 1760, entrant
« dans ma soixante et seizième année, après avoir
« prié Dieu notre Père Tout-Puissant , le Fils et
« le St.-Esprit, de me pardonner mes péchés et
« de me faire miséricorde , j'ai écrit et signé ce
« présent mon testament pour disposer des biens
« qu'il a plu à Dieu de me donner dans ce monde,
« afin de les ménager et les laisser à mes enfants,
« à qui je donne ma bénédiction, priant Dieu notre
« Créateur de leur accorder la sienne, et de leur
« faire la grâce de se conduire sagement dans sa
« crainte, les exhortant à le prier pour moi après
« ma mort, et de se souvenir des conseils et ins-
« tructions que j'ai pu leur donner.

« Je recommande à mon fils, et le charge après
« mon décès de me faire inhumer dans l'église des
« Pères Croisiers (1) de cette ville, au même lieu
« de la sépulture de nos ancêtres, dans laquelle
« église on célèbre chaque année dix services des
« défunts pour le repos de leurs âmes.

« J'ordonne de plus que mon inhumation soit
« faite simplement et à moins de frais que faire se
« pourra, voulant que l'argent qu'on aurait pu
« employer pour toutes les cérémonies et pompes

______

(1) Les Croisiers, ou chanoines réguliers de Ste.-Croix, ordre
militaire et hospitalier, avaient leur établissement dans la rue
qui porte encore aujourd'hui leur nom. Leur église a été dé-
molie, en 1808, en grande partie; ce qui en reste, sert de
magasins.

« mortuaires, qui sont usitées, et dont les dépenses
« seront évaluées, *soit distribué aux pauvres ma-*
« *lades, et aux pauvres honteux qui souffrent sans*
« *oser mendier........* »

Après cette disposition dictée par la charité
chrétienne, M. De La Londe entre dans divers détails presque tous relatifs à sa famille ; cependant
parmi les dispositions suivantes il en est une que
nous ne pouvons ni ne devons passer sous silence,
c'est celle-ci :

« Je lègue et donne à Jacques-François-Richard
« De La Londe, mon petit-fils, que j'ai tenu sur
« les fonts du baptême, *tous mes livres, papiers et*
« *écritures concernant des ouvrages de littérature et*
« *recherches curieuses, ainsi que tous mes tableaux,*
« *estampes, et en général toutes les autres pièces et*
« *ouvrages, la plupart que j'ai faits et travaillés en*
« *la meilleure partie*, que son père lui conservera
« jusqu'à ce qu'il soit capable de s'en servir et
« d'en faire usage. »

Nous avons vu plus haut quel usage le petit-fils
a su faire d'une partie du legs de son aïeul; c'est
grâce à sa générosité que nous pouvons aller aujourd'hui à la bibliothèque de la ville étudier les
plans de l'Orne qui y sont déposés.

A son tour, M. Jacques-François-Richard De La
Londe, ancien adjoint au maire de Caen, suivant
l'exemple de son grand-père, a voulu léguer de
même, par une clause spéciale et expresse de son
testament, les *livres, dessins, tableaux, plans*, etc.,

de son aïeul, à son petit-fils, M. Arthur-Richard
Rouxelin de Formigny De La Londe, qui, nous en
sommes sûrs, saura veiller avec toute la sollicitude
de la piété filiale sur un si précieux dépôt. La religion du souvenir honore qui sait la comprendre
et la pratiquer ! Aussi est-ce avec bonheur que
nous avons constaté nous-même avec quel soin
est recueilli et mis en ordre tout ce qui provient
d'un trisaïeul qui a si bien mérité de son pays.
Ce n'est pas non plus avec moins de satisfac-
tion que nous avons vu avec quelle religieuse
vigilance sont conservés de même les travaux
exécutés par M. de Formigny (1), dont la mort
est venue avant le temps ordinaire briser l'existence. Lui aussi consacrait tous ses loisirs à la
science et aux arts (2). Avec quel goût il savait
travailler l'ivoire, le cuivre ! qui n'admirerait la
finesse et la délicatesse d'une sphère armillaire,
vrai bijou en ivoire par lui exécuté ? qui n'admirerait la précision de divers instruments de physique et de mathématiques par lui confectionnés
avec le goût le plus délicat ? qui n'admirerait sur-

(1) M. Léon-Victor Rouxelin de Formigny, né à St.-Lo, le 12
mars 1794, est mort au château de La Londe, près Caen, le 18
avril 1845.

(2) Il était membre de la Société française pour la conservation des monuments, de l'Association normande, de la Société
linnéenne de Normandie, de la Société d'horticulture de Caen,
de la Société d'agriculture, d'archéologie et d'histoire naturelle
du département de la Manche.

tout sa collection ornithologique, renfermant la majeure partie des oiseaux du Calvados, et en outre quelques autres que le hasard y a fait rencontrer?

Mais laissons parler ici quelqu'un qui a mieux connu que nous M. de Formigny, qui a été plus à même de l'apprécier, et qui par conséquent peut mieux nous dire ce qu'il a fait, et qui, dans l'Annuaire de l'Association Normande pour 1846, a consacré à sa mémoire une notice biographique d'où nous nous permettrons d'extraire les lignes suivantes : « M. de Formigny s'annonça dès ses « plus jeunes années comme un esprit vif et singu- « lièrement apte à l'étude des sciences exactes ; « aussi le vit-on plus tard se livrer spécialement « aux mathématiques, surtout à la géométrie, et « au lever des plans où il excella. »

« Il s'occupa avec succès de physique et d'his- « toire naturelle ; une remarquable dextérité se- « condait son aptitude pour la mécanique. Il exé- « cuta, avec un rare bonheur, les ouvrages qui « exigent le plus de calcul, d'habitude, et la main « la mieux exercée, tels qu'une machine élec- « trique et divers instruments de mathématiques et « de physique d'une admirable précision ; plus « tard il orna quelques appartements de son châ- « teau de La Londe d'un cabinet d'histoire natu- « relle ; il y réunit non-seulement beaucoup d'oi- « seaux étrangers assez rares, mais aussi une « collection de tous les oiseaux du pays, préparée « par lui, et une foule d'objets curieux. »

Aussi en visitant quelques-uns des appartements du château de La Londe, croit-on visiter un vrai musée d'amateur.

Quel noble et puissant exemple laissé par un trisaïeul et par un père!

(31) M. Porée, chanoine honoraire de l'église collégiale du St.-Sépulchre, a été, à diverses reprises, secrétaire de l'Académie des belles-lettres de Caen. Il était le frère du célèbre jésuite Porée, qui professa la rhétorique, à Paris, avec tant de distinction et qui compta Voltaire parmi ses élèves.

(32) M. Lair, chevalier de la Légion-d'Honneur, conseiller de préfecture, dont toute la vie est consacrée à faire le bien.

NOTICE BIOGRAPHIQUE

SUR

FRANÇOIS-RICHARD DE LA LONDE,

MEMBRE DE L'ANCIENNE ACADÉMIE DES BELLES-LETTRES
DE CAEN ;

PAR

M. LATROUETTE,

Docteur ès Lettres, ancien Professeur-suppléant à la Faculté des Letttres,
Membre titulaire de l'Académie des Sciences, Arts et Belles-
Lettres de Caen, de la Société des Antiquaires
de Normandie, etc.

NOTE ADDITIONNELLE.

CAEN,
TYP. DE A. HARDEL, IMPRIMEUR DE L'ACADÉMIE,
RUE FROIDE, 2.

1854.

NOTE ADDITIONNELLE.

QUAI DE LA LONDE.

J'ai eu l'honneur de lire, en juin 1849, à l'Académie des sciences, arts et belles-lettres de Caen, une Notice biographique sur François-Richard De La Londe, né en cette ville en 1685, et que l'ancienne Académie des belles-lettres de notre cité a été fière de compter parmi ses membres.

En effet, par ses connaissances diverses, par ses talents variés, par son zèle et par son désintéressement, qui allait peut-être jusqu'à la prodigalité au profit de son pays, M. DE LA LONDE a bien mérité de la ville et de la contrée.

En 1747, il donnait le plan d'un bassin à établir à Caen.

Il donnait aussi, vers le même temps, le plan

du cours de l'Orne depuis Argentan jusqu'à la mer, et il prouvait de la manière la plus sensible combien la canalisation de l'Orne supérieure et inférieure pourrait contribuer à la richesse de sa ville natale.

Vingt feuilles coloriées de ce curieux et important travail sont déposées à la bibliothèque publique de Caen.

En rappelant ces faits dans ma *Notice Biographique* sur cet homme de bien, j'exprimais le regret qu'on n'eût pas songé à donner le nom de *La Londe* au bassin dont il avait tracé un plan, il y a un siècle, et je formulais dans la séance académique de juin 1849 le désir de voir l'Administration municipale aviser aux moyens d'honorer d'une manière convenable la mémoire d'un citoyen généreux et dévoué.

J'ai renouvelé ce vœu dans la séance publique de novembre 1849, et dans cette même séance, deux voix autrement puissantes formulaient ce même vœu. M. Charma, alors président de l'Académie, et M. Travers, secrétaire de cette Société, demandaient formellement que le nom de M. De La Londe fût consacré par quelque monument, par quelque place, par quelque rue.

Le lendemain 23 novembre, prenant en considération ces vœux ainsi exprimés, l'Académie des sciences, arts et belles-lettres de Caen nommait dans son sein une commission spéciale pour aviser aux moyens de les réaliser.

Cette Commission était composée de MM. Lair, Simon, Charma, Travers et Latrouette.

Elle se réunit bientôt dans la maison et sous la présidence de M. Lair, de si vénérable mémoire, et dans la séance de janvier 1850, j'avais l'honneur de lire à l'Académie, au nom de la Commission qui m'en avait chargé, le rapport suivant :

MESSIEURS,

La Commission que vous avez chargée d'examiner par quel moyen il serait possible d'honorer la mémoire de

FRANÇOIS-RICHARD DE LA LONDE,

s'est réunie sous la présidence du vénérable doyen de nos Sociétés, M. Lair.

Elle a examiné avec le soin le plus religieux les titres divers qui recommandent à l'estime et à la reconnaissance publiques le nom d'un des membres de notre ancienne Académie.

Considérant alors,

1°. Que François-Richard De La Londe s'est dévoué durant toute son existence aux intérêts de sa ville ;

2°. Qu'il s'est montré constamment préoccupé et de l'assainissement et de l'embellissement de ses rues, ainsi que l'attestent les travaux qu'il a laissés et dont quelques-uns pourront peut-être enfin s'exécuter, toutefois avec les modifications que le temps et l'expérience auront rendues nécessaires, tant ses idées ont une actualité de toutes les époques (1);

3°. Que, désireux de voir se développer le commerce de la cité, il n'a pas craint de s'imposer des sacrifices considérables pour rendre sensible la possibilité de la canalisation de l'Orne supérieure et inférieure, et l'importance inappréciable de l'exécution de ce travail tant pour la ville que pour toute la contrée ;

4°. Que, dans cette même vue, il a conçu et tracé le plan d'un bassin dont l'utilité n'a sans

---

(1) Le travail qui se fait aujourd'hui, 1854, *au Montoir de la Poissonnerie* pour réunir cette dernière rue à celle du Puits-ès-Bottes et à celle des Chanoines, est en partie indiqué dans le plan colorié de la ville de Caen dont je parle dans ma Notice, et dont j'ai essayé de faire comprendre dans une note spéciale la forme ingénieuse.

Il existe même un manuscrit de M. De La Londe dans lequel cet ingénieur demande que les fossés dont on a fait la rue Graindorge, soient comblés, que le groupe de maisons qui se trouvait entre la rue actuelle et le Puits-ès-Bottes, que celui qui se rencontrait en outre entre le Puits-ès-Bottes et la rue aux Chanoines fussent détruits ; et il ne s'effraie nullement du nombre considérable de maisons dont l'exécution de son projet nécessiterait la démolition.

M. du Feugueray cite quelques lignes de cet important manuscrit dans son opuscule sur les fontaines dont son patriotisme éclairé voudrait voir enrichies et ornées nos rues et nos places publiques.

doute jamais été contestée, mais dont le creusement s'est malencontreusement fait attendre près d'un siècle ;

5°. Que, par toutes ses conceptions, il s'est montré un citoyen dévoué, ayant l'intelligence éclairée des véritables intérêts de sa ville et de son pays.

En conséquence, votre Commission a pensé, à l'unanimité, qu'il faut aviser aux moyens d'honorer la mémoire d'un homme si recommandable à tant de titres.

Elle a pensé, en même temps, que le moyen le plus convenable serait de donner son nom au bassin dont notre ville vient d'être enfin dotée, et dont il a eu l'idée il y a déjà un peu plus d'un siècle.

Mais elle a compris aussi que des difficultés de plus d'une espèce pourraient s'opposer, durant un trop long temps, à la réalisation de ce vœu, quelque naturel et quelque légitime qu'il soit.

Les circonstances étant telles, votre Commission m'a donc chargé de vous proposer, Messieurs, d'émettre, pour qu'il soit ensuite transmis à l'autorité compétente, le vœu que,

Le nom de DE LA LONDE *soit donné, ou à la place qui se trouve à l'extrémité nord du Dock, entre la rue Neuve-St.-Jean et la rue Samuel-Bochart, ou à l'un des quais qui longent le bassin.*

Immédiatement après la lecture de ce rapport, M. le Président de l'Académie en mit aux voix la conclusion formulée en proposition votive, et cette proposition fut à l'instant admise à l'unanimité.

Les membres dont se composait la Commission, furent de même chargés aussitôt de transmettre officiellement à l'Administration municipale de Caen le vote de l'Académie des sciences, arts et belles-lettres.

Ils s'empressèrent de s'acquitter de la mission qui leur était confiée.

La Notice biographique sur François-Richard De La Londe, où sont rappelés ses principaux titres à la considération générale, fut remise en même temps à l'appui du vœu exprimé.

Jaloux de rendre hommage au mérite et intimement persuadé que récompenser par des distinctions honorifiques, le zèle et le dévoûment, c'est exciter à en montrer constamment, c'est exciter à en donner sans cesse des preuves nouvelles, M. le Maire se hâta, de son côté, de soumettre le vœu de l'Académie des sciences, arts et belles-lettres de Caen à l'approbation du Conseil municipal

Grâces en soient ici rendues à l'honorable M. Bertrand !

Appréciant à son tour, à l'aide des documents qui étaient mis sous ses yeux, les titres nombreux et divers qui recommandent si honorablement au souvenir de la cité la mémoire de M. De La Londe, le Conseil municipal prenait, le 2 mars 1850, la délibération suivante :

Extrait du Registre des délibérations du Conseil municipal de la ville de Caen.

« Statuant sur une pétition présentée au nom des « membres de l'Académie de Caen,

« Considérant que le zèle que M. De La Londe a « montré dans toutes les circonstances pour les in- « térêts de sa ville natale qu'il a honorée d'ailleurs « par ses connaissances et ses talents comme ingé- « nieur, recommande son nom à l'estime et à la « reconnaissance de ses concitoyens,

« Le Conseil arrête :

ART. 1er.

« Le quai du nouveau bassin qui longe au Nord les « murs du jardin de Courtonne, prendra le nom de « quai De La Londe.

ART. 2.

« M. le Maire est chargé de l'exécution du présent « arrêté.

La mission confiée au premier Magistrat de la cité fut bientôt remplie.

La délibération du Conseil est adressée par lui sans délai à M. le Préfet du Calvados.

Ce Magistrat à son tour, la transmet de suite à M. le Ministre de l'Intérieur, en sollicite l'ap- probation immédiate ; car il attache pareillement le plus grand prix à l'hommage ainsi décerné au mérite.

Aussi le 17 mai suivant, le Prince Président de la République rendait-il, sur la proposition de M. le Ministre de l'Intérieur, un décret dont il convient de reproduire ici le texte :

Au nom du peuple français,

Le Président de la République,

Sur le rapport du Ministre de l'Intérieur,

Vu l'ordonnance du 10 juillet 1806,

DÉCRÈTE :

Art. 1er. Est approuvée la délibération, en date du 2 mars 1850, par laquelle le Conseil municipal de Caen (Calvados), dans le but d'honorer la mémoire de feu François-Richard De La Londe, a émis le vœu que le quai Nord du bassin compris entre la place formée par le fond du dock et l'entrée du canal, prît la dénomination de quai De La Londe.

Art. 2. Le Ministre de l'Intérieur est chargé de l'exécution du présent décret.

Fait à l'Elysée national, le 17 mai 1850.

Signé : L.-N. BONAPARTE.

Le Ministre de l'Intérieur,
Signé : J. BAROCHE.

Pour ampliation,

Signé : DELMAS.

Le 22 du même mois, une ampliation de ce

décret était adressée par M. le Préfet du Calvados à M. le Maire de la ville de Caen.

Peu de jours après, M. le Maire prenait les mesures nécessaires pour l'exécution de ce décret.

Ainsi a été réalisé le vœu qui avait été formé par l'Académie des sciences, arts et belles-lettres de Caen, pour honorer la mémoire d'un Membre de cette ancienne Société, et auquel le Conseil municipal avait donné son adhésion empressée.

En conséquence la partie du quai nord du bassin comprise entre la place formée par le fond du dock et l'entrée du canal porte désormais le nom de

QUAI DE LA LONDE.

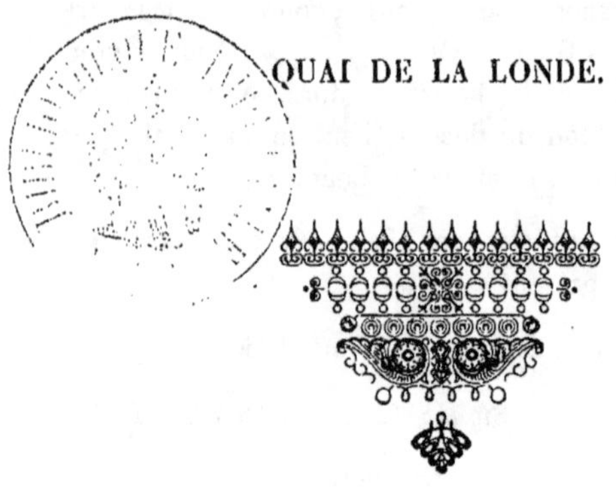